Écrit par Martine Beck
Illustré par Gilbert Houbre

Conseil pédagogique :
Équipe du bureau de l'Association Générale
des Instituteurs et Institutrices des Écoles
et Classes Maternelles Publiques.

Conseil éditorial :
Docteur Alice Doumic-Girard,
ex-chef de clinique de la Faculté,
psychothérapeute d'enfants.

ISBN : 2-07-039747-5

Dépôt légal : Octobre 1987. Numéro d'édition : 37115
Imprimé à la Editoriale Libraria en Italie.

GALLIMARD JEUNESSE

Le sommeil et ses secrets

DECOUVERTE BENJAMIN

Lorsque le soleil couchant décline à l'horizon et que ses derniers rayons colorent les arbres de la campagne, tu sais que la nuit est proche et que tu vas dormir. Les poules regagnent leur perchoir, les vaches rentrent à l'étable, les fleurs replient leurs pétales et ton chien se couche à sa place habituelle...

Lorsque tu venais de naître, tu dormais presque tout le temps, le jour comme la nuit. Maintenant, ta vie est faite d'une succession de temps d'éveil et de sommeil, qui suivent le cycle du jour et de la nuit.
Le sommeil occupe environ le tiers de ta vie.

Tu aimes te lever lorsque le soleil commence à briller dans le ciel, au chant du coq.
Puis tu vas à l'école, tu joues avec tes amis : ton corps et ton cerveau sont très actifs !
A la tombée du jour, tu ressens le besoin de t'allonger afin de dormir.
Dans la brousse, les animaux vont boire au coucher du soleil.

La nuit, tandis que tu dors, la chouette, les chauves-souris, les souris partent en chasse. Ce sont des animaux nocturnes : ils dorment le jour.

Comment sens-tu que le sommeil vient ?

Ton cerveau t'envoie des signes.
Tes muscles se relâchent et tu bâilles : ta bouche s'ouvre grand.
Tes idées s'embrouillent, tes yeux piquent. Les grandes personnes te disent : “Le marchand de sable va passer !”
Pour t'endormir, tu t'allonges dans le calme, en prenant ta position préférée : chaque personne a la sienne. Serres-tu dans tes bras ton jouet favori ? Si tu as peur du noir, laisse près de toi une lampe en veilleuse. Autrefois, il y avait toujours une veilleuse près des enfants. Tu dois te sentir en sécurité pour ton voyage au pays du sommeil !

L'insomnie, c'est l'absence de sommeil.

Les étapes du sommeil

En enregistrant les ondes électriques émises par le cerveau, les savants ont pu connaître le sommeil. Il est formé de cycles qui durent chacun près de deux heures : tu en parcours quatre ou cinq en une nuit.
Chaque cycle comporte plusieurs étapes. Le sommeil est d'abord léger puis profond : tu dors sur tes deux oreilles ! Puis soudain des petits mouvements t'agitent. Tes yeux bougent sous tes paupières. Tu dors profondément et pourtant ton cerveau déborde d'activité : **tu fais des rêves !**

Le cycle se termine, un autre commence. Lorsque tu as assez dormi, tu te réveilles naturellement à la fin d'un cycle.

Pendant l'étape de sommeil profond, tu peux ronfler, parler tout haut. Certains enfants sont somnambules : ils se lèvent tout endormis.

Les rêves sont-ils toujours agréables ?

Parfois, les images qui surgissent dans tes rêves sont effrayantes. Elles te réveillent en sursaut, tu as le cœur battant. Tu dois te calmer avant de te rendormir. Ces mauvais rêves s'appellent des cauchemars.

Ils surviennent parfois lorsque tu as eu une émotion forte.

Le mystère des rêves

Hypnos, le dieu grec du sommeil, était le fils de la Nuit.

A toutes les époques, les hommes ont voulu comprendre le sens des images désordonnées et mystérieuses de leurs rêves.
Les Égyptiens et les Grecs de l'Antiquité pensaient que les rêves étaient des messages des dieux.
Leurs devins les interprétaient.
Depuis, de nombreux livres ont paru pour tenter d'expliquer les rêves les plus courants.

Bès, génie égyptien, veillait sur les dormeurs.

Le songe du Pharaon :
dans son rêve, le Pharaon avait vu 7 vaches grasses et 7 vaches maigres. Les devins prédirent 7 années de prospérité puis 7 années de misère pour leur pays.

Au siècle dernier, un médecin viennois, **Sigmund Freud**, voulut aussi comprendre le secret des rêves. Pour lui, le rêve vient de nous-mêmes et raconte sous une forme déguisée nos désirs secrets.

Si tu rêves que tu t'es cassé la jambe en sautant et que tu ne peux plus marcher jusqu'à l'école, tu exprimes peut-être la crainte d'un devoir oublié ! Nos pensées inconscientes, cachées en nous, vivent leur vie la nuit.

Le rêve, gardien du sommeil, déguise ces pensées.
Nous ne les reconnaissons plus tout à fait. Aussi, nous avons bien du mal à comprendre les rêves et nous les oublions facilement !

Lit à col de cygne Restauration

Lit égyptien

Lit Louis XIII

Lit d'apparat

Lit à baldaquin

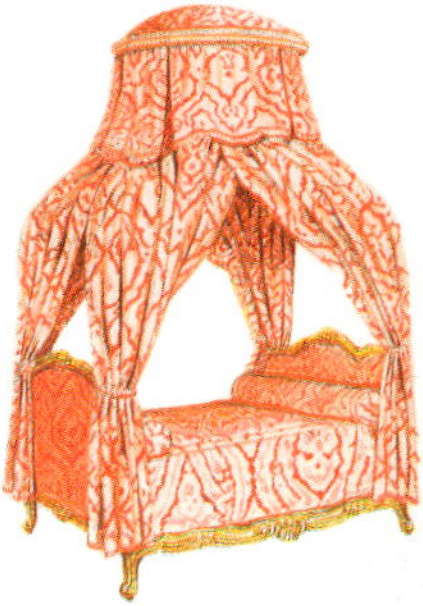

Lit à la polonaise XVIIIe s.

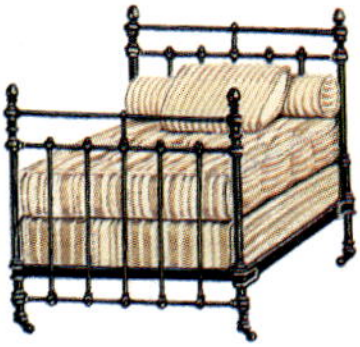

Lit en cuivre

Lit à colonnes Renaissance

Lit en nacelle Empire

Lit fermé breton

Le sommeil partagé

Au Moyen Age, peu de gens avaient un vrai lit. Une famille entière dormait souvent sur le même matelas de paille ou de feuilles. Jusqu'au XVIIIe siècle, les enfants dormaient dans le même lit que des adultes de leur famille. Ensuite, ils ont partagé leur lit avec leurs frères et sœurs.

Dans nos pays, le lit est le plus souvent composé d'un matelas et d'un sommier.

Il y a moins de cent ans qu'un enfant dort seul dans son lit, et depuis peu de temps il dort souvent seul dans sa chambre. Pourtant un sommeil partagé est plus paisible !

Admire la décoration de certains lits anciens ! Si tu voyageais autour, du monde, tu découvrirais d'autres façons de te coucher.

Dors-tu dans un lit superposé comme celui-ci ?

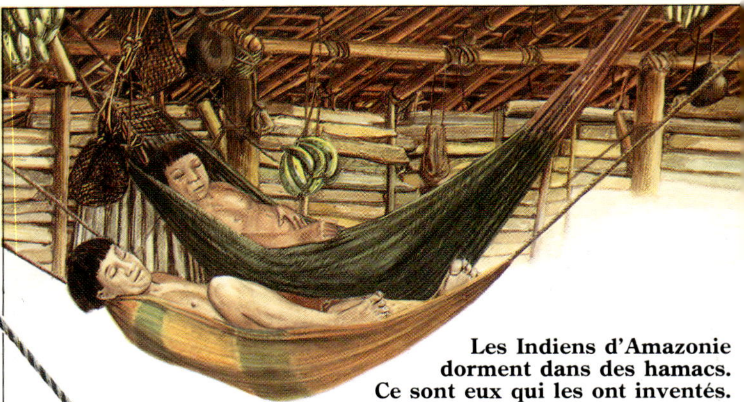

Les Indiens d'Amazonie dorment dans des hamacs. Ce sont eux qui les ont inventés.

Berceau chinois, sorte de hamac en tissu.

Au Maroc, on dort sous la tente, sur des tapis, enroulé dans une couverture.

Les Pygmées disposent leur natte sur une sorte de plate-forme, qui les isole des bêtes.

Les Japonais dorment sur un tatami, fait de chaumes de riz, qui est roulé dans la journée.

En Inde, on sort son lit sur le trottoir quand il fait trop chaud.

En voyage, les Tibétains s'enveloppent dans des couvertures.

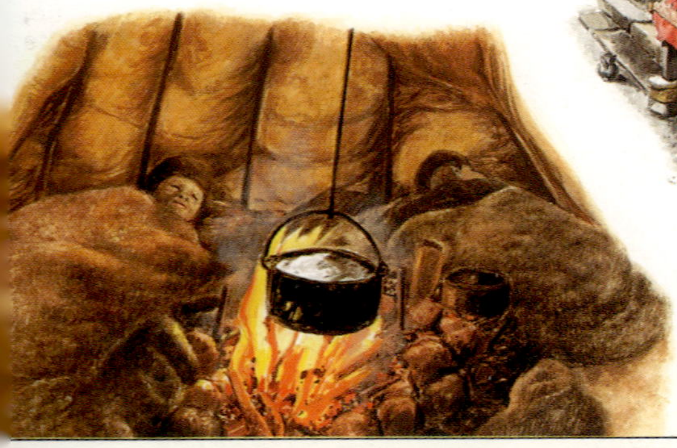

Les Lapons dorment sur un matelas de branchages recouvert de peaux de renne.

Au XVIIe siècle, le lever et le coucher du roi Louis XIV se passaient en présence de nombreux courtisans. C'étaient de vraies cérémonies et y assister était une marque de faveur !

Se lever d'un bon pied

La façon dont tu te lèves et tu te couches est importante. Tu peux te sentir très fatigué si tu as été réveillé au milieu d'un cycle de sommeil : il vaut mieux dormir moins et se réveiller naturellement à la fin du cycle précédent.

Vers le milieu du XVIIIe siècle, une nouvelle pièce apparut dans les maisons : la chambre à coucher. Les lits devinrent plus intimes et plus étroits.

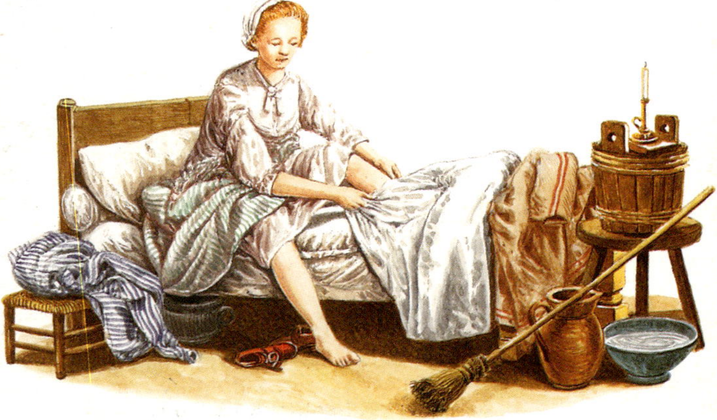

A son lever,
le roi est habillé et parfumé.

Le sommeil n'est pas du temps perdu ! Il se passe beaucoup de choses pendant que tu dors : tu grandis, surtout au début de la nuit, tes ongles, tes cheveux poussent plus vite.

Autrefois les bassinoires réchauffaient les lits glacés. Aujourd'hui, tu prends plutôt une bouillotte.

La nuit porte conseil : tu trouves parfois dans ton sommeil la réponse à des questions. Si l'on t'empêchait de dormir, tu ne pourrais pas vivre. Et si l'on t'empêchait de rêver, tu deviendrais fou !

Chacun son rythme

Es-tu plutôt du soir, ou plutôt du matin ? As-tu besoin de beaucoup de sommeil ? Il y a des gros dormeurs et des petits dormeurs. Il faut trouver ton rythme, et ne pas dormir plus, ni moins, qu'il ne t'est nécessaire.

Le chat bâille, tourne en rond pour trouver sa place et s'endort roulé en boule, aussi bien le jour que la nuit.

Les animaux dorment aussi.

Les oiseaux et les mammifères ont un sommeil semblable au nôtre. Comme nous, ils rêvent.

Comment dorment-ils ?

Le cheval ou la vache savent dormir debout mais se couchent lorsqu'ils rêvent. Les animaux sauvages qui craignent des ennemis ne dorment profondément que quelques minutes de suite.

La girafe dort moins de 10 minutes d'affilée. Les éléphants dorment 2 heures.

Les singes comme les oiseaux ont un long sommeil de plus de douze heures par jour. Certains oiseaux dorment en volant : le martinet plane très haut dans le ciel !

Les gorilles se font chaque soir un nid de feuillages pour dormir.

Ils dorment comme des marmottes !

Certains mammifères, comme la marmotte ou le loir, passent tout l'hiver dans un profond sommeil : ils hibernent.

L'ours se tapit au fond d'une caverne et dort en attendant le printemps.

Les animaux qui ne redoutent pas d'ennemis peuvent dormir longuement : un lion dort jusqu'à vingt heures par jour. Beaucoup d'animaux dorment le jour et consacrent la nuit à chasser. Les oiseaux qui dorment perchés referment bien leurs pattes sur la branche : ils ne risquent pas de tomber pendant leur sommeil. Les chauves-souris dorment la tête en bas. Les petits singes se regroupent pour la nuit.

Les plantes dorment-elles aussi ?

Non, pas vraiment, mais elles vivent selon un rythme qui suit les variations de lumière et de température. Pendant la nuit, beaucoup changent la position de leurs feuilles ou de leurs fleurs.

Le trèfle replie ses feuilles le soir.

Les pâquerettes, les tulipes, les nénuphars ferment leurs pétales et les liserons leurs corolles en attendant le matin. La fleur du mirabilis ne s'épanouit que la nuit.

Les fleurs de chèvrefeuille s'ouvrent le soir.

Elles exhalent un parfum qui attire les papillons de nuit.

Une jeune mouette s'immobilise complètement pour échapper au danger : elle est comme paralysée.

L'opossum tombe dans une sorte de sommeil hypnotique en présence d'un serpent.

Existe-t-il d'autres formes de sommeil ? L'hypnose est un sommeil provoqué par des gestes, des paroles particulières.

En Afrique vit la mouche tsé-tsé. Sa piqûre donne aux êtres humains la maladie du sommeil qui peut les faire mourir.

Les personnes hypnotisées ont l'air d'être endormies mais obéissent aux ordres qu'on leur donne.
Certains animaux sont aussi capables d'en hypnotiser d'autres et en profitent pour les manger.
Ainsi la mangouste fascine le serpent et sort victorieuse du combat.

L'anesthésie est un sommeil artificiel : le docteur endort le patient avant une opération chirurgicale pour qu'il ne souffre pas.

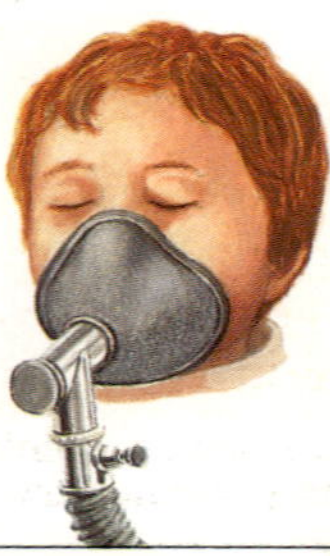

Le médecin fait respirer au malade un produit qui l'endort.

Avant d'aller dormir

C'est l'heure de te coucher. Croque une pomme, bois un verre de lait ou une tisane de fleurs d'oranger, cela t'aidera à t'endormir.

Prends un bain chaud qui détendra ton corps. As-tu aussi tes compagnons de sommeil autour de toi ?

Un verre d'eau posé sur ta table, une lampe de poche pour les petits tours nocturnes, ton ours en peluche pour un dernier câlin...

Et avant de partir pour le mystérieux voyage de la nuit, fais-toi raconter par quelqu'un que tu aimes une belle histoire, comme celle de la Belle au Bois Dormant. Tu t'endormiras confiant et heureux...

D'un baiser, le Prince Charmant réveillera
sa Belle au Bois Dormant qui dort depuis cent ans.

Chanson

Maman,
je voudrais être en argent.

Mon fils,
tu auras bien froid.

Maman,
je voudrais être de l'eau.

Mon fils,
tu n'auras pas chaud.

Maman,
brode-moi sur ton oreiller.

Oui, mon fils,
sans tarder !

Federico Garcia Lorca
Poésies 1921-1927,
Gallimard Expressions.

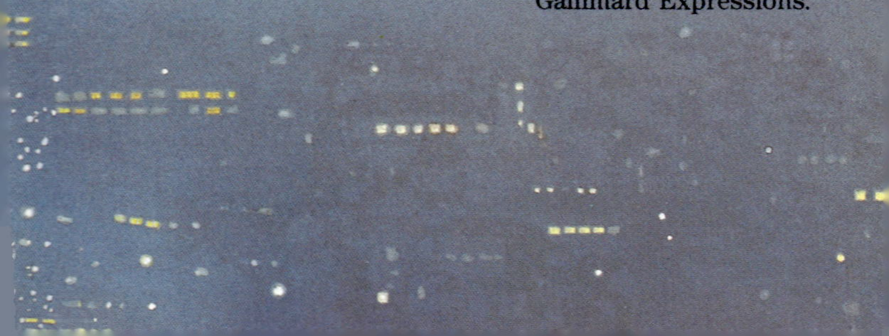